# Créer Un Blog Video Facilement: La Méthode Complète Pour Créer Un Vlog Pro (Equipement, Discours, Tournage, Montage Video, Diffusion) Sans Se Ruiner.

# TABLE DES MATIÈRES

INTRODUCTION. ........................................................4

## MODULE #1: CHOISISSEZ VOTRE ÉQUIPEMENT ET INSTALLEZ VOTRE ENVIRONNEMENT DE TOURNAGE. .......8

L'Equipement minimaliste pour avoir un rendu professionnel sans se ruiner. ..................................................10

Comment facilement monter votre studio d'enregistrement en moins de 10 minutes. ...................................16

Comment facilement se passer de studio d'enregistrement. .........24

## MODULE #2: STRUCTUREZ VOTRE DISCOURS ET AMENEZ DE LA PRÉSENCE. ...................................28

Comment amener de la présence pour rendre vos vidéos fascinantes. ......................................................29

Structure n°1 en 5 étapes pour créer une vidéo de contenu qui scotche votre audience du début à la fin. ....................33

Structure n°2 en 5 étapes pour créer une vidéo de contenu qui scotche votre audience du début à la fin. ....................41

La structure en 14 étapes pour créer une vidéo de vente qui déclenche des torrents de ventes. .............................43

## MODULE #3: PASSEZ AU TOURNAGE DE VOTRE VIDÉO ET PERDEZ UN MINIMUM DE TEMPS. .........................62

Comment tourner votre vidéo en une seule prise et diviser par 2 le temps au montage. ......................................63

## MODULE #4: FAITES VOTRE MONTAGE VIDÉO COMPLET EN UN TEMPS RECORD. ............................68

Comment faire un montage ultra-rapide de votre vidéo. ...........69

Les choses supplémentaires pour enrichir votre vidéo et ce qu'il faut éviter..................................................................72

## MODULE #5: DIFFUSION DE VOTRE VIDÉO ET TECHNIQUES POUR DOUBLER VOS TAUX DE CONVERSIONS. ...........................................................75

Les meilleures plateformes pour héberger votre vidéo. ..................76

Trucs à connaître pour multiplier par 2 vos conversions en 5 minutes chrono. .........................................................................78

## CONCLUSION. ...........................................................81

## A PROPOS DE L'AUTEUR. ...........................................84

## CRÉATIONS DU MÊME AUTEUR. ...........................85

## INTRODUCTION.

Bienvenue dans cette formation qui va vous montrer comment facilement créer un blog video (autrement appelé vlog) de qualité professionnelle, et sans devoir dépenser des milliers d'euros en matériel cher.

Ainsi, vous allez éviter toutes les erreurs que font la très grande majorité de personnes qui se lancent dans le blogging vidéo.

Vous allez découvrir des méthodes avancées pour économiser des centaines ou milliers d'euros en matériel, et des techniques liées au discours pour apporter de l'enthousiasme.

Vous y trouverez également des structures pour vos vidéos de contenu et de vente qui vont propulser vos résultats en termes d'engagement et de ventes au niveau supérieur.

Vous allez aussi découvrir toutes les façons qui vont vous permettre de diviser le temps de réalisation de vos vidéos par 2, 3, ou 4 par rapport à un débutant qui ne sait pas comment s'y prendre.

A la fin de cette formation, vous serez totalement autonome.

Cette formation se déroule en 5 modules qui vont successivement balayer l'ensemble des étapes : équipement, discours, tournage, montage vidéo, diffusion.

Voici le contenu de ces modules :

## Module #1

Ce module va traiter de l'équipement. A la fin de ce module, vous serez totalement équipé et prêt à commencer à créer vos vidéos.

Vous aurez choisi tout ce qui concerne les éléments essentiels (prise d'image, son, éclairage), et vous aurez même installé si vous le souhaitez un studio d'enregistrement complet.

Vous verrez comment choisir et mettre en place tout votre équipement sans vous ruiner, avec des options permettant de s'adapter à tout type de budget.

## Module #2

Ce module va parler du discours dans vos vidéos. Vous allez d'abord voir les techniques pour amener de la présence et rendre captivante chacune de vos vidéos en faisant vibrer les gens d'émotion, à l'inverse de beaucoup de personnes qui parlent de manière fade et ennuyeuse à mourir.

Vous allez également voir des modèles de plans pour structurer vos vidéos de contenu et de vente afin de scotcher votre audience du début jusqu'à la fin et obtenir des résultats bluffants en termes de ventes.

En effet, le modèle de plan en 14 étapes des vidéos de vente que vous allez découvrir est le résultat de tests fait sur plus d'une centaine de produits digitaux.

C'est la structure de vidéo de vente qui a obtenu les résultats les plus spectaculaires et nettement supérieurs à tous les autres plans de vidéos de vente, c'est pourquoi elle vaut tout l'or du monde et beaucoup aimeraient l'avoir.

## Module #3

Le troisième module parle du tournage. C'est le moment où vous allez vous enregistrer devant la caméra. Vous verrez des techniques qui vont vous permettre de gagner un temps fou car vous n'aurez besoin que de faire une seule prise.

De plus, vous verrez des trucs qui vous permettront de minimiser le temps de montage vidéo.

## Module #4

Dans ce quatrième module, vous allez faire le montage de votre vidéo. A la fin de ce module, votre vidéo sera prête en un minimum de temps.

Vous verrez aussi les petites choses que vous pouvez rajouter à votre vidéo pour la rendre encore plus attractive, et ce qui vous devez éviter à tout prix.

## Module #5

Le dernier module traite de la diffusion. A la fin de ce module, votre vidéo sera mise en ligne et prête à être consommée.

Vous verrez dans ce module les meilleures plateformes pour héberger vos vidéos, et les petits trucs à rajouter notamment pour vos vidéos de ventes.

Ils prennent à peine 5 minutes, mais peuvent diviser par 2 vos conversions si vous ne les appliquez pas.

Voyons tout de suite le premier module pour choisir votre équipement et tout votre matériel de blogging vidéo, le tout sans vous ruiner.

# MODULE #1: CHOISISSEZ VOTRE ÉQUIPEMENT ET INSTALLEZ VOTRE ENVIRONNEMENT DE TOURNAGE.

A la fin de ce module, vous aurez totalement choisi votre équipement et mis en place votre environnement de tournage.

Vous serez ainsi prêt à tourner.

Cette section va vous proposer plusieurs options en termes de matériel et de création de studio ou pas.

Ainsi, vous pourrez moduler vos choix en fonction de vos souhaits et de votre budget.

Volontairement, les choix qui vous sont proposés vous empêcheront de dépenser plus de quelques centaines d'euros au maximum.

Mais si vous n'avez pas ce budget, vous verrez aussi des techniques pour dépenser beaucoup moins que ça, toujours en obtenant un rendu professionnel.

Ce qu'il faut savoir avant de voir le matériel exact dont vous avez besoin, c'est que la qualité de l'image n'est vraiment pas la chose la plus importante quand vous faites du blogging vidéo.

Le plus important est d'avoir une bonne qualité sonore, car c'est par le son que votre message sera véhiculé.

Il faut largement mieux avoir une image de qualité moyenne et un son excellent que le contraire.

Si votre son est mauvais (faible, salle qui résonne, bruit environnant etc...), on ne va pas entendre votre message, ou très mal.

Le problème est que si les gens doivent faire un effort pour comprendre ce que vous dites, ils vont très vite quitter votre vidéo.

Aussi, retenez dès maintenant cette règle d'or : **il faut avoir votre micro le plus proche possible de votre bouche.**

C'est absolument capital pour avoir un bon son. Sinon vous allez capturer tout le bruit environnant et la qualité sonore baissera. On verra comment faire ça.

Le deuxième élément le plus important après le son est l'éclairage.

En effet, si l'éclairage est mauvais et que vous filmez dans une zone sombre, votre caméra vidéo aussi performante soit-elle, ne pourra pas totalement corriger ce manque de lumière et la qualité de votre vidéo sera médiocre.

Ce n'est qu'ensuite que vient la qualité de l'image.

Ainsi, nous traiterons dans ce module ces trois aspects que sont l'image, le son et l'éclairage en ce qui concerne le matériel à avoir.

Vous verrez également comment installer votre studio d'enregistrement en moins de 10 minutes, ou comment facilement vous en passer si vous ne souhaitez pas en avoir un.

## L'Equipement minimaliste pour avoir un rendu professionnel sans se ruiner.

On va s'intéresser dans cette partie surtout à la prise d'image et à la prise de son.

L'éclairage sera traité dans la partie suivante, lorsqu'on abordera l'installation d'un studio d'enregistrement.

Vous allez découvrir trois options dans les pages suivantes, pour aller d'un investissement de quelques centaines d'euros maximum à un investissement quasiment nul en utilisant du matériel que vous avez déjà.

Vous avez bien entendu beaucoup d'autres choix et ceux-ci ne sont que des préconisations basées sur ce qui fonctionne pour un budget restreint tout en obtenant un résultat de qualité professionnelle qui peut rassembler des audiences de fans.

Vous pouvez tout à fait vous tourner vers d'autres modèles et d'autres marques si vous trouvez quelque chose de mieux, la technologie évoluant en permanence.

Voyons maintenant ces trois options dans les pages suivantes :

## 1- L'option GoPro.

L'équipement total avec cette option vous coûtera autour de 500 euros ou moins.

Il consiste à avoir une caméra GoPro Session (compter 314 euros ou moins) qui est très petite et hyper portable.

Vous pouvez même filmer en la gardant dans le creux de la main, sans que personne ne s'en rende compte contrairement à un appareil photo plus gros et sophistiqué.

Vous pourrez ainsi facilement la poser sur n'importe quelle surface et commencer à filmer avec.

L'avantage c'est qu'elle offre un champ large, donc même si vous la tenez à bout de bras vous pouvez voir ce qu'il y a autour de vous.

Cette proximité vous permet ainsi d'avoir votre bouche relativement proche du micro de la GoPro, et ainsi de maximiser la qualité de la prise de son.

Cependant, vous pourrez choisir idéalement un système de prise de son externe, avec par exemple l'enregistreur Sony ICD - TX 650 (compter 179 euros ou moins).

L'avantage est que vous pourrez vous tenir plus loin de la caméra, et que cet enregistreur va vous offrir une excellente qualité de son.

Vous pouvez facilement l'attacher sur le haut de votre chemise pour l'avoir le plus proche possible de la bouche.

Vous pouvez bien entendu choisir des enregistreurs moins coûteux et en trouver à une trentaine d'euros.

La qualité de l'enregistreur est moins importante que le fait de l'avoir proche ou non de votre bouche.

## 2- L'option appareils photo numériques compacts.

Vous pouvez également choisir de vous équiper avec un appareil photo numérique compact tel que le Canon G7x ou le Sony RX 100 IV (et autres séries à venir).

Cette option vous coûtera environ 500 euros ou moins selon les modèles que vous choisirez.

Ce genre d'appareil est également très facilement transportable est constitue l'un des moyens privilégiés pour de nombreux blogueurs à plein de temps de faire leurs vidéos, par exemple lorsqu'ils se filment en déplacement avec une perche à selfie.

Vous pouvez ici aussi le tenir proche de vous et capturer directement le son par l'appareil photo en ayant un son très correct.

Selon l'endroit où vous vous trouvez, vous pouvez aussi choisir de faire une prise de son externe, de la même manière que proposée lors de l'option 1.

### 3- L'option low cost.

Si votre budget est très réduit et que vous n'avez pas les moyens d'acheter le matériel des options précédentes, vous pouvez plus simplement utiliser votre téléphone portable comme caméra.

La prise d'image et de son avec un téléphone tel que les iPhones peuvent pour permettre d'obtenir un résultat très correct.

D'ailleurs, de nombreux blogueurs utilisent ce moyen.

La société de journalisme Suisse Léman bleu a même décidé de remplacer leurs grosses caméras ultra sophistiquées et encombrantes pour filmer avec succès des séquences de leur journal télévisé à l'iPhone 6.

De la même manière que pour les options précédentes, pensez à vous équiper avec un système de prise de son externe si vous comptez vous tenir loin de la caméra ou que vous enregistrez dans un endroit bruyant ou qui résonne.

En dernier lieu, vous pouvez utiliser la caméra de votre ordinateur si celui-ci est récent.

La caméra d'un Mac vous donnera un rendu son et image très correct si vous vous tenez près. Si vous vous éloignez, vous penserez à capturer le son avec un enregistreur externe.

Si votre ordinateur est un PC, les caméras sont en général de bien moins bonne qualité même si elles peuvent faire l'affaire. Par contre, la prise de son du micro intégré est souvent exécrable.

Je vous déconseille donc vivement de prendre le son avec le micro intégré de votre PC.

Faites en sorte d'acheter soit un enregistreur externe, soit un micro avec prise jack ou prise USB. Les premiers prix tournent autour d'une dizaine d'euros, et le son sera toujours nettement meilleur que le micro intégré de votre PC.

Maintenant que vous avez choisi votre matériel de capture d'image et de son, il va être temps de créer votre environnement de tournage et de voir les options d'éclairage.

Vous allez ainsi découvrir les deux options qui fonctionnent pour créer votre lieu de tournage, et adaptées aussi bien à l'espace que vous avez et à votre budget.

Vous allez dans la première option voir comment créer votre studio en moins de dix minutes. Cette option est à privilégier si vous avez du budget à investir pour créer votre studio.

Dans la deuxième option, vous allez voir comment vous passer de studio facilement dans le cas où vous n'avez pas de budget ou pas l'envie de créer votre studio.

## _Comment facilement monter votre studio d'enregistrement en moins de 10 minutes._

Vous allez voir ici comment créer facilement un studio professionnel en moins de 10 minutes.

Cette étape ne s'applique que si vous souhaitez avoir un studio, et vous verrez à la partie suivant comment vous pouvez aussi vous en passer si vous n'en voulez pas, ou que votre budget ne vous le permet pas.

Les éléments que vous verrez ne vous coûteront au maximum pas plus de quelques centaines d'euros si vous choisissez les plus chers, mais vous aurez aussi des options beaucoup moins chères pour créer votre studio.

Il y a deux éléments à considérer pour construire votre studio.

Le premier est le fond solide que vous allez utiliser, et le deuxième est l'éclairage.

Voyons voir ces deux éléments dans les pages suivantes :

## Element 1 : le fond solide.

Il s'agit d'un fond de couleur uniforme qui est en général soit vert, soit blanc, soit noir.

L'avantage d'un fond vert, est qu'il va permettre d'être remplacé par n'importe quelle image ou vidéo en arrière plan lors du montage.

En effet, la couleur verte de ce genre de fond est particulière car elle ne se retrouve ni dans la couleur de peau, ni en général dans les vêtements qu'on porte.

Ainsi, on peut facilement la supprimer de la vidéo au montage pour y mettre autre chose, sans que des parties de nous-mêmes ou de nos vêtements ne disparaissent aussi.

Utiliser un fond vert est très bien si vous êtes déjà rôdé à la technique de montage vidéo et que vous avez du temps à passer.

Le but de cette formation n'étant pas de vous apprendre à faire du Spielberg mais de faire du vidéo blogging facile et efficace, je ne vous conseille donc pas forcément d'utiliser un fond vert, surtout si vous débutez ou n'avez que peu de temps à consacrer.

En effet, si l'incrustation d'une autre image ou d'une vidéo pour remplacer le fond vert est mal faite, vous allez voir le détour de votre silhouette pixelisé, et avec quelques restes de points verts, ce qui donne un effet très amateur que vous voudrez à tout prix éviter.

Si vous décidez tout de même d'utiliser un fond vert, vous trouverez de nombreuses offres proposant une structure démontable sur laquelle mettre le fond vert qui est un drap vert livré avec, comme par exemple le "Green screen cowboy backdrop studio", qui peut se monter facilement en moins de dix minutes.

Ce n'est qu'une suggestion, et il existe plein d'alternatives certainement aussi performantes.

Deux autres alternatives au fond vert sont donc de choisir un fond blanc, ou un fond noir.

Souvent, en achetant le genre de structure démontable citée précédemment, vous avez aussi le choix de prendre soit un drap vert, blanc ou noir.

Vous pouvez aussi prendre le fond seul sous forme de toile et l'accrocher sur un de vos murs avec des punaises, sans la structure démontable.

Il existe aussi des fonds pliables, si vous voulez tout ranger très vite une fois que votre vidéo a été tournée.

L'avantage du fond blanc ou noir par rapport au fond vert, c'est que vous n'aurez besoin d'aucun temps au montage pour incruster une autre image.

De plus, votre vidéo restera sobre et professionnelle, un peu comme les vidéos qu'Apple tourne sur fond blanc.

## Element 2 : l'éclairage.

La règle pour l'éclairage est que plus il y en a, mieux c'est.

Le but va être de chercher à obtenir un éclairage le plus uniforme possible et éviter les effets d'ombres.

C'est d'autant plus important dans le cas où vous avez choisi d'utiliser un fond vert car si le fond n'est pas totalement uniforme et possède des ombres, alors vous n'arriverez pas à supprimer la totalité du vert lors du montage car il y aura en quelque sorte de nombreuses couleurs vertes d'intensités différentes.

C'est d'ailleurs pour ça que vous allez vouloir utiliser une lumière douce au lieu d'une lumière dure.

La lumière dure est celle qui provient d'une petite source de lumière comme par exemple des spots hallogènes. Elle donne alors des ombres très marquées.

La lumière douce est celle qui vient d'une source de lumière plus vaste, qui donne ainsi des ombres beaucoup plus diluées et moins marquées. C'est pour ça que les photographes utilisent de grands parapluies car ceux-ci permettent d'agrandir et d'étaler la source de lumière.

Le minimum en termes d'éclairage avec lequel vous pouvez commencer pour avoir un rendu neutre et qui ne donne pas trop d'ombres consiste à simplement mettre deux lumières relativement grandes, l'une à gauche et l'autre à droite de la caméra.

Pour qu'elles soient grandes, il vous suffit soit d'acheter des lumières qui soient grandes comme par exemple des panneaux LED.

Vous pouvez aussi mettre des spots hallogènes avec des parapluies qui vont étaler la source de lumière.

Avec seulement deux lumières, vous pouvez déjà obtenir des résultats très corrects.

Vous pourrez facilement trouver des panneaux d'éclairage pour faire de la vidéo en demandant dans n'importe quel magasin de photo.

Si vous voulez le meilleur rendu possible, l'idéal serait de rajouter une lumière au milieu qui va uniformiser encore plus l'éclairage et rajouter une touche très appréciable d'une lumière qui se reflète dans vos yeux.

Pour du matériel vraiment pro en termes d'éclairage, vous pouvez par exemple vous tourner vers le "Cowboy Studio Lighting Kit".

Celui-ci est composé de ces trois lumières : une à droite et une à gauche orientées vers vous à 45°, puis une au milieu au dessus de la caméra, comme sur le schéma ci-dessous :

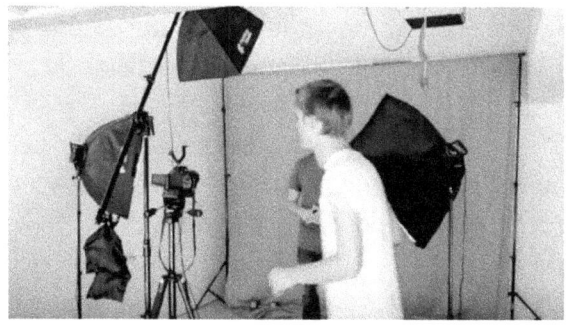

Ensuite si vous voulez aller encore plus loin et avoir un éclairage irréprochable, vous pouvez également avoir deux lumières d'appoint tournées à 45°, une à gauche et une à droite, et un peu plus proches du fond vert que les autres.

Ces lumières d'appoint ont pour but d'éclairer uniquement votre fond, comme ci-dessous :

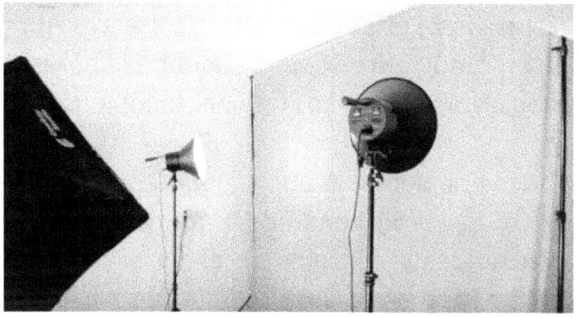

Ce genre d'éclairage est évidemment l'idéal, mais n'est pas non plus absolument indispensable pour faire une vidéo de qualité.

Vous pouvez très bien commencer avec les trois lumières, voire même avec deux comme on l'a vu précédemment.

Vous trouverez certainement les offres qui vous conviennent sur Internet ou dans les magasins de photo.

Si vous êtes vraiment fauchés, vous pouvez aussi acheter trois lumières de spots de chantier à LED et que vous placerez comme vu précédemment.

Vous pouvez en trouver dans tous les magasins de bricolage et ces spots de chantier à LED ne coûtent quasiment rien (pour 10-20 euros vous avez un petit spot).

Enfin, vous pouvez même n'utiliser qu'une seule lumière si vraiment votre budget est trop serré.

Dans ce cas, veillez à ce que cette lumière unique ne soit jamais proche de votre caméra.

Vous éviterez ainsi l'effet d'une photo prise avec un flash qui donne un rendu affreux et vous donne l'impression que vous avez mis votre tête dans une photocopieuse.

L'idée est donc de détacher au maximum cette lumière de la caméra pour avoir un rendu de nettement meilleure qualité avec de beaux contours et reliefs, et par exemple en utilisant un fond blanc que vous n'aurez pas à retoucher au montage.

Vous avez donc maintenant tout ce qu'il vous faut pour construire votre studio selon vos envies et vos moyens financiers.

Encore une fois, n'hésitez pas non plus à aller en plus voir ce qui se fait par exemple sur Internet ou dans les magasins de photo pour trouver le matériel d'éclairage qui vous correspond.

## Comment facilement se passer de studio d'enregistrement.

Il se peut que vous n'ayez ni le temps, ni l'argent ou ni l'envie de monter un studio d'enregistrement.

Il existe alors une méthode simple pour s'en passer : utiliser votre habitat ou environnement naturel.

L'avantage de votre habitat naturel est que ça ne vous coûtera absolument rien, et que vous pouvez commencer tout de suite, sans pour autant passer pour un amateur et que ça heurte vos taux de conversion.

En effet, beaucoup de marketeurs professionnels et blogueurs utilisent leur habitat naturel pour filmer leurs vidéos.

Vous pouvez faire la même chose, par exemple en vous plaçant devant un mur de couleur neutre comme le blanc ou le noir.

Dans ce cas, assurez-vous qu'il y a suffisamment d'éclairage. N'hésitez pas à utiliser les conseils d'éclairage vus dans la partie précédente si votre lumière (artificielle et naturelle) n'est pas suffisante.

Vous pouvez aussi vous filmer assis dans votre canapé ou dans un endroit agréable comme dans votre jardin ou même sur une plage. Vous créerez ainsi un climat cosy et intimiste propice à l'échange.

Parfois les solutions les plus simples sont celles qui fonctionnent le mieux.

Un modèle de vidéo blogging qui cartonne est également d'embarquer votre caméra avec vous lorsque vous vous déplacez par exemple en ville ou à l'étranger.

Que vous soyez au bord de l'océan, à la montagne, à la campagne ou dans une ville, vous pouvez ainsi filmer l'environnement dans lequel vous vous trouvez au moment où vous y êtes.

Cette pratique est très puissante, car vous partagez ainsi avec votre audience votre vie.

Vous leur ouvrez en quelque sorte un pan de votre vie privée, et vous créez ainsi un lien beaucoup plus fort avec eux, au niveau émotionnel.

Un deuxième avantage est que les gens découvrent des endroits qu'ils ne connaissent pas.

C'est encore plus vrai dans le cas où vous tournez des vidéos pendant que vous êtes en voyage, en marchant ou en étant assis à la terrasse d'un café ou sur une plage.

Vous faites ainsi profiter votre audience d'endroits qu'ils n'ont pas l'occasion eux-mêmes de voir.

Vous créez ainsi une sorte d'addiction car ils vont être curieux d'en voir plus, de découvrir plus de lieux, et ils vont ainsi attendre avec impatience la vidéo suivante.

Vous consolidez ainsi la force de votre message en ajoutant un élément de curiosité qui non seulement leur fera attendre encore plus vos vidéos, mais leur permettra de ne pas faire chuter leur attention si jamais votre message est un peu long par certains moments.

En effet, si vous filmez devant un mur blanc, votre audience ne peut se rattacher à rien pour garder sa curiosité éveillée si jamais votre message est un peu long ou ennuyeux, et les gens risquent bien de piquer du nez ou de zapper votre vidéo.

Ainsi, vous pouvez faire la même chose en achetant une simple perche à selfie, en y clipsant votre caméra, et en vous filmant dans vos déplacements.

Ceci termine ce premier module.

Vous avez pu choisir l'équipement qui vous convient le mieux en termes de prise d'image, de son et d'éclairage, selon vos souhaits et votre budget.

Vous avez également vu comment facilement monter un studio complet de qualité professionnelle en moins de dix minutes, et des méthodes pour vous en passer facilement et qui peuvent avoir encore plus d'impact sur votre audience.

Nous allons maintenant voir dans le module 2 tout ce qui concerne le discours à tenir devant la caméra.

## MODULE #2: STRUCTUREZ VOTRE DISCOURS ET AMENEZ DE LA PRÉSENCE.

A la fin de ce module, vous connaîtrez tout ce qu'il faut savoir sur le discours à tenir dans vos vidéos.

Vous allez dans un premier temps optimiser votre attitude, et voir comment vous pouvez amener de la présence et de l'énergie dans votre discours pour rendre vos vidéos captivantes et faire vibrer les gens.

En effet si vous parlez de manière plate, fade et molle, il y a peu de chances que les gens regardent vos vidéos même si votre message est très intéressant. Vous risquez soit de les endormir, soit de les faire quitter votre vidéo.

Vous ne voulez pas que tout le monde dise de vous : *"il raconte des choses pourtant très intéressantes, mais il est beaucoup trop mou et ennuyeux à écouter !"*

Puis dans un deuxième temps vous allez voir des modèles de plans pour construire votre discours, aussi bien pour vos vidéos de contenu que pour vos vidéos de vente si vous avez l'intention d'en faire.

Si vous suivez ces plans, vous pourrez construire très rapidement des vidéos de contenu qui vont scotcher les gens du début à la fin, et des vidéos de vente qui vous apporteront des résultats bluffants en termes de ventes.

## *Comment amener de la présence pour rendre vos vidéos fascinantes.*

Ce que vous voulez éviter à tout prix, c'est d'avoir une attitude ennuyeuse à mourir alors que votre contenu est passionnant.

Il n'y a rien de pire que d'avoir plein de choses hyper utiles à apprendre aux gens, mais d'être tellement mou et sans énergie qu'on préfère zapper votre vidéo plutôt que de continuer à vous écouter.

Il serait vraiment dommage de tout gâcher avec une attitude fade, plate, neutre et qui n'inspire aucune émotion face à la caméra.

Vous allez ici voir des techniques pour amener un maximum de présence et d'enthousiasme dans votre discours. Vous allez ainsi pouvoir rendre vos vidéos captivantes, et faire vibrer les gens grâce à l'émotion et l'énergie puissante que vous allez dégager.

La première chose consiste à se poser cette question fondamentale, à côté de laquelle la grande majorité des gens qui débutent en vidéo passe.

Cette question vient du motivateur et marketeur en ligne Brendon Rurchard, et consiste tout simplement à vous demander **quel degré de présence est-ce que vous avez lorsque vous parlez.**

Est-ce que vous êtes à 110% quand vous parlez et avez par exemple le sourire, êtes enthousiaste, générez de l'émotion, parlez de manière passionnée et avec volume ?

Ou au contraire est-ce que vous êtes à 10 ou 20% et faites une tête qui donne l'impression que vous vous ennuyez à mourir, ou parlez dans votre barbe de manière plate et monotone comme un robot sans âme ?

Alors évidemment, il ne s'agit pas d'être à fond tout le long de votre discours, ni de donner une énergie telle que vous gesticulez dans tous les sens et parlez à en oublier de respirer et à vous faire exploser la cage thoracique.

Si vous faites ça, il est probable que vous serez lessivé au bout de une à deux minutes car vous aurez l'impression d'avoir couru un marathon.

Il s'agit de trouver un juste milieu dans la présence que vous allez donner, c'est-à-dire dans l'énergie que vous allez mettre dans votre discours pour le transmettre.

Pensez donc systématiquement à apporter un degré de présence de 100% dans votre discours, mais sans avoir besoin d'être à 200%.

Le problème que vous pouvez rencontrer pour apporter de la présence, est qu'il est en général difficile d'apporter de la présence quand vous parlez à face d'une caméra qui est à un mètre de vous.

Par exemple, regardez la différence entre la façon dont quelqu'un va parler à une foule, et la façon dont quelqu'un va parler en face de sa webcam.

Admettons que vous preniez le meilleur orateur qui a le meilleur degré de présence au monde, et que vous le placiez en face d'une webcam ou d'une conversation sur skype avec des amis.

Dans ce cas, sa présence s'anesthésie totalement car il parle à un support qui est proche de lui.

En effet, lui comme n'importe qui n'est pas programmé pour hurler dans les oreilles de quelqu'un qui se trouve à 50 cm de nous.

Le problème est qu'on tend à reproduire ce même schéma quand le matériel d'enregistrement est proche de nous.

Quand vous parlez à une webcam, un ordinateur ou une caméra qui se situe à un mètre de vous, vous n'allez pas spontanément penser à amener beaucoup de présence.

La raison est que vous reproduisez le schéma de parler comme si la personne était juste à côté de vous, et donc vous n'avez pas envie de lui briser les tympans.

Voici une technique simple pour réussir à vous mettre dans le même état, les mêmes conditions propices à libérer de la présence comme si vous parliez à une foule, tout en étant devant votre caméra, à un mètre d'elle.

Cette solution consiste à ne pas parler à la caméra mais de mettre un point sur le mur derrière votre caméra et de parler à ce point.

Faites en sorte de mettre le point à un endroit pas trop éloigné derrière, de manière à donner l'impression que vous regardez la caméra quand vous regardez le point.

Puis, imaginez quand vous regardez le point que vous parlez à des gens qui se trouvent 50 mètres derrière.

Si vous avez de la place, une alternative consiste aussi à mettre la caméra le plus loin possible de vous à plusieurs mètres, et de la régler sur vous avec un mode zoom.

Il vous faudra dans ce cas obligatoirement une prise de son externe avec un enregistreur que vous porterez sur vous.

Ainsi, vous aurez des vidéos qui sont beaucoup plus énergiques avec un maximum d'enthousiasme si vous mettez la caméra loin ou si vous parlez à quelqu'un qui se trouve loin.

Dans le cas où vous n'enregistrez que de l'audio (par exemple dans le cas d'un screencast), vous pouvez faire exactement la même chose.

L'astuce ici ne consiste pas à regarder votre micro qui se trouve en général à 10 ou 15 cm de vous, mais de fixer un point lointain comme le bout de votre pièce ou une partie de votre jardin au travers la fenêtre.

Ça aura pour effet d'augmenter votre présence. En effet, ça vous fera augmenter le volume avec lequel vous parlez, et le volume de la voix est lié à l'énergie.

En d'autres termes, si vous vous forcez à donner un certain volume, vous amenez forcément derrière par voie de conséquence une énergie qui est plus importante, et donc les gens vont vibrer davantage.

## _Structure n°1 en 5 étapes pour créer une vidéo de contenu qui scotche votre audience du début à la fin._

Vous allez voir ici une structure de plan en 5 étapes pour créer une vidéo de contenu qui va vous permettre de garder les gens captivés du début jusqu'à la fin.

Cette première structure (ainsi que celle qui va suivre) vous est donnée pour vous permettre notamment de savoir où vous allez et vous donne une béquille sur laquelle vous pouvez retomber si un moment vous vous perdez dans votre discours.

Elle vous sera donc d'une grande utilité à la fois pour canaliser votre message et le rendre captivant, pour vous aider à ne pas vous perdre en route, et pour enlever toute anxiété que vous pourriez avoir.

Vous pouvez bien entendu modifier ce plan ou l'adapter à votre guise et vous n'êtes pas obligé de le suivre à la lettre.

En effet, respecter à la lettre un plan pour faire une vidéo de contenu est moins important que de respecter le plan d'une vidéo de vente.

En revanche, il aura le mérite de vous permettre de savoir à tout moment où vous allez, et ainsi vous faire prendre confiance en vous tout en véhiculant votre message de manière captivante.

Voici donc les cinq étapes de ce plan.

## Etape 1 : Promesse.

Vous allez commencer par faire une promesse en disant ce que les gens vont apprendre ou auront en plus quand ils auront regardé votre vidéo.

Il est en effet très important de vendre la lecture de votre vidéo en faisant une promesse aux gens dès le début.

En effet, les gens n'ont pas beaucoup d'attention au début et quittent sans scrupules la vidéo dès les premières secondes si la vidéo est ennuyeuse.

C'est aussi pour ça que vous allez chercher à entrer directement dans le vif du sujet en faisant une promesse.

Vous ne ferez surtout pas d'introduction pompeuse en racontant ce que vous avez mangé le matin, ou en faisant une introduction hollywoodienne de 30 secondes pour afficher votre marque avant de commencer à livrer votre contenu. Jamais.

Vous pouvez par exemple dire d'entrée de jeu :

*"A la fin de cette vidéo, vous aurez en main les outils pour faire ceci ou cela."*

Ou :

*"Dans les minutes qui suivent, vous allez apprendre comment faire ceci ou cela."*

Pour que votre promesse ait un maximum d'impact, essayez de dire quand c'est possible ce qui est unique et différent dans la vidéo qu'ils vont regarder, en disant par exemple :

*"Dans les minutes qui suivent, je vais vous montrer un truc différent de tout ce que vous savez sur X, ça n'a pas été publié ailleurs et c'est totalement nouveau etc."*

Autre point, vous pouvez aussi si vous le souhaitez faire des promesses imbriquées, ou refaire des promesses dans le cours de la vidéo.

Par exemple vous pouvez leur dire au tout début :

*"Dans quelques secondes je vais vous montrer comment faire ça, mais juste avant je vais vous montrer ceci."*

De cette manière, vous arriverez facilement à faire "patienter" les gens par exemple pendant les moments un peu rébarbatifs ou trop techniques de votre vidéo, mais indispensables à montrer pour qu'ils comprennent un concept ou un outil.

Vous pouvez aussi de cette même façon les faire patienter en leur présentant une vidéo de vente que vous avez faite pour vendre un produit, et dire par exemple :

*"Je vais vous montrer dans cette vidéo comment utiliser tel outil pour planifier votre semaine, mais juste avant, j'ai créé une deuxième vidéo que vous pourrez aller voir et qui vous apprendra à gagner deux fois plus de temps dans votre vie professionnelle et privée."*

Vous pouvez si vous le voulez enchaîner les imbrications de promesses de cette manière tout au long de la vidéo en disant par exemple :

*"Ah tiens je vous avait dit que j'allais vous montrer ça. Je vous le montre tout de suite, et juste après je vous montrerai ceci."*

L'idée est de toujours garder au minimum une promesse ouverte pendant toute la durée de la vidéo, afin de toujours garder les gens captivés et dans l'attente de satisfaire leur curiosité.

**Etape 2 : Donner le résultat.**

Une fois que vous avez énoncé la promesse de la vidéo, vous allez donner le résultat.

En d'autres termes, vous allez leur dire ce que ça va changer dans leur quotidien, le bénéfice de la promesse.

Par exemple si la promesse de votre vidéo est d'apprendre à maîtriser un outil de planification, vous allez ensuite leur donner le résultat, le bénéfice de la maîtrise de cet outil au quotidien.

Vous allez dire par exemple :

*"Voici ce que la maîtrise de cet outil va changer dans votre vie quotidienne. Chaque jour vous gagnerez 2 heures de temps supplémentaire que vous pourrez utiliser pour ce que vous voulez. Vous serez aussi moins stressé et n'aurez plus jamais peur d'oublier quelque chose etc."*

Vous donnez le bénéfice quotidien que va leur apporter ce qu'ils vont apprendre dans la vidéo.

## Etape 3 : Histoire de la découverte.

Vous allez expliquer ici comment vous avez découvert le truc que vous allez leur livrer.

Par exemple vous allez dire :

*"Moi je suis tombé sur cet outil un peu par hasard, en cherchant un moyen pour gérer mon temps efficacement."*

*"Je cherchais à faire ci et ça sans succès, et un jour on m'a parlé qu'il existait telle méthode qui permettait de le faire facilement. Je m'y suis alors intéressé et aujourd'hui j'obtiens des résultats faramineux etc."*

**Etape 4 : Détailler la théorie du concept.**

Vous allez ici expliquer la théorie de ce que vous allez leur apprendre, en expliquant pourquoi et comment ça fonctionne.

Vous pouvez parler des auteurs de l'outil ou de la méthode que vous allez leur révéler.

Si votre vidéo consiste par exemple à apprendre à maîtriser un logiciel de mind mapping, vous pouvez expliquer le concept de mind mapping et expliquer pourquoi et par qui ça a été inventé.

**Etape 5 : Les actions à faire chez eux (pratique).**

Vous allez leur expliquer ici comment ils peuvent faire ça chez eux d'un point de vue pratique.

Vous allez leur donner par exemple les étapes pratiques, la procédure pour mettre en application ce que vous partagez avec eux (étape 1, étape 2 etc.).

Evitez de dépasser 7 étapes maximum, car au delà il y a de fortes chances que les gens ne vont pas tout retenir.

## Structure n°2 en 5 étapes pour créer une vidéo de contenu qui scotche votre audience du début à la fin.

Voici un deuxième plan en 5 étapes que vous pouvez utiliser, de la même manière que la structure précédente.

Ce plan reprenant beaucoup d'étapes de la structure précédente, on va donc l'expliquer de manière plus succincte ci-dessous :

### 1- Problèmes.

Vous allez commencer par évoquer les problèmes que la personne a en ce moment. Vous chercherez à secouer le problème de manière émotionnelle, en disant par exemple :

*"Vous avez peut-être essayé de jouer du piano mais nous n'y connaissez rien en solfège, c'est l'horreur etc."*

Ou encore :

*"Est ce que vous n'en avez pas marre de supporter ce problème X ?"*

### 2- Promesse.

De la même manière que dans la structure n°1, vous direz par exemple :

*"A la fin de cette vidéo, vous saurez comment avoir 500 visiteurs par jour sur votre blog."*

### 3- Histoire de la découverte.

Par exemple :

*"Quand j'ai commencé le blogging, je n'avais pas plus de 5 à 10 visiteurs par jour. Puis je suis tombé sur telle méthode et tel truc qui m'ont permis de débloquer la situation. Progressivement en les combinant j'ai vu mon trafic augmenter pour atteindre le niveau où je suis actuellement."*

### 4- Détailler la théorie du concept.

Faire pareil que dans la première structure et expliquer pourquoi et comment ça fonctionne.

### Etape 5 : Les actions à faire chez eux (pratique).

De la même manière, vous expliquez les étapes pratiques à appliquer :

*"Quand vous rentrez chez vous, vous allez faire premièrement ça, deuxièmement ça etc."*

### *La structure en 14 étapes pour créer une vidéo de vente qui déclenche des torrents de ventes.*

Utiliser un plan avec des étapes précises est beaucoup plus important dans une vidéo de vente qu'avec une vidéo de contenu qui peut être beaucoup plus modulable, comme on vient de le voir précédemment.

Si vous comptez vendre en utilisant la vidéo, vous allez maintenant découvrir une structure pour faire une vidéo de vente qui vous apportera des taux de conversion record que vous ne pourriez certainement pas obtenir autrement.

La structure que vous allez découvrir est celle qui vend le mieux et qui a donné des résultats de ventes nettement supérieurs à n'importe quel autre plan de vidéo de vente auprès de plus d'une centaine de produits digitaux.

Elle est composée d'une simple liste de 14 questions, auxquelles il suffit de répondre dans l'ordre, exactement comme si vous étiez à une interview.

Cette structure peut être aussi bien utilisée pour vendre que pour convaincre les gens de faire une action particulière (s'inscrire à un séminaire, venir à une rencontre etc.).

Voyons voir les 14 différentes questions dans les pages qui suivent.

## QUESTION 1 :
### Quel est leur problème ?

Quel est le problème des gens en face de vous ?

Explorez quelles sont leurs frustrations, leurs angoisses, leurs peurs.

Vous pouvez dire par exemple :

*"Est ce que vous en avez pas marre de ...."*

*" Est ce que vous enragez à l'idée que vos concurrents arrivent à faire X sans devoir faire Y ..."*

Répondez à cette question en disant quel est leur problème.

## QUESTION 2 :
## Quelle est la promesse de la vidéo ?

Vous allez ici leur vendre la lecture de la vidéo en leur disant ce qu'elle va leur apporter.

Par exemple, vous pouvez dire :

" A la fin de cette vidéo, vous saurez exactement comment faire X ou Y."

" Dans les minutes qui suivent, je vais vous montrer un moyen pour faire ceci ou cela."

Dites-leur quelle est la promesse de la vidéo.

## QUESTION 3 :
## Quelles vont être les conséquences de cette promesse dans leur vie quotidienne ?

Vous allez ici leur donner le résultat de cette promesse.

Qu'est ce que ça va changer dans leur vie quotidienne ?

Par exemple :

*"Quand vous allez vous lever demain matin, vous aurez déjà X et saurez comment Y."*

*"Avant le journal de 20h ce soir, vous serez déjà capable de X, Y aura déjà changé dans votre quotidien."*

## QUESTION 4 :
## Quels sont les mythes ou les fausses solutions/idées qui les empêchent de réussir ?

Par exemple, la plupart des gens s'imaginent que ceci ou que cela.

En effet, c'est toujours une minorité qui réussi dans n'importe quel domaine, comme le montre la fameuse règle des 80/20.

Vous pouvez donc prendre les choses que tous les gens qui ne réussissent pas utilisent et essaient, et leur montrer que ça ne marche pas.

Par exemple :

*"Tout le mondre croit que ceci amène tel résultat, or c'est le contraire."*

## QUESTION 5 :
### De quoi ont-ils vraiment besoin ?

Vous allez ici amener votre grande idée. La grande idée qui est derrière votre produit, votre service, votre message.

Vous n'allez pas encore leur vendre ni leur parler du produit.

Vous allez simplement leur dire par exemple :

*"Ce dont vous avez vraiment besoin, c'est cette grande idée."*

*"Ce dont vous avez vraiment besoin, c'est un système qui vous permette d'obtenir ceci sans passer par cela."*

*"Ce dont vous avez besoin, c'est d'avoir le système exact qu'utilisent les pros."*

Et là, vous allez expliquer votre grande idée derrière ça, détailler le pourquoi.

## QUESTION 6 :
## Quelle est l'histoire du produit ?

Vous pouvez ici utiliser l'histoire du héros malgré lui.

Pour ça vous pouvez leur montrer que vous sortez un peu de nulle part en disant par exemple

*"Je ne suis pas du tout un expert dans le domaine, simplement je suis tombé dessus parce que je voulais le faire et j'ai découvert au fur et à mesure des techniques qui m'ont permis de X, Y et Z."*

*"Moi quand j'ai commencé il se passait ceci ou cela. Un jour j'ai rencontré quelqu'un qui m'a montré comment faire ceci et cela. J'ai progressé petit à petit, et aujourd'hui j'ai créé un système qui me permet de X et Y."*

L'idée est simplement d'expliquer aux gens quelle est l'histoire de ce produit ou de ce service, pourquoi est ce que vous le leur proposez.

## QUESTION 7 :
## Qu'est ce qu'ils vont obtenir ou apprendre (liste des bénéfices) ?

Vous allez ici dire ce que les gens vont apprendre et lister les bénéfices.

Il est bon d'essayer de lister au moins entre 10 et 20 bénéfices pour ajouter un maximum de valeur perçue.

Par exemple vous pouvez dire :

*"Dans cette formation ou dans les minutes qui suivent, vous allez apprendre toutes ces choses là :*

*1- Je vais vous montrer la technique simple en deux étapes pour faire X.*

*2- Les 3 astuces de pro pour Y.*

*3- Les 5 façons simples de ceci sans y passer trop de temps.*

*Etc."*

## QUESTION 8 :
## Quel est le premier résultat qu'ils vont constater tout de suite ?

Il est très important ici de leur donner un résultat qu'ils vont obtenir tout de suite, même si ce résultat n'est pas énorme.

Effectivement, lorsqu'on promet uniquement des résultats à long terme ou qu'on menace de conséquences et problèmes qui risquent de se produire à long terme (comme c'est le cas par exemple dans les campagnes sur la prévention routière ou sur l'arrêt du tabac), ça ne fait absolument aucun effet.

Effectivement, l'inconscient n'est pas programmé pour réagir à ce qui se passera peut-être dans 10 ou 30 ans.

Il est programmé pour réagir à l'urgence, au danger imminent et aux récompenses et choses positives imminentes.

Donc si votre formation, votre produit ou votre service permet aux gens d'obtenir un résultat dans un an, vous allez commencer par leur dire le premier résultat qu'ils vont avoir dès aujourd'hui, dès cette après-midi ou dès la première semaine.

Il n'y a pas besoin que le résultat soit immense, mais c'est très important de commencer par là.

Ça peut simplement être le fait d'avoir compris tel ou tel concept ou telle idée.

Vous pouvez dire par exemple :

*"Dès ce soir, vous aurez déjà compris X ou Y."*

## QUESTION 9 :
## Quel est le meilleur résultat à long terme ?

Vous allez maintenant pouvoir leur donner le meilleur résultat qu'ils vont obtenir à long terme.

Vous pourrez leur dire par exemple :

*"A la fin de la première année, vous allez pouvoir monter X ou Y."*

## QUESTION 10 :
### Qu'est ce qui va changer dans leur vie quotidienne ?

Une fois qu'ils auront obtenu ce résultat, qu'est ce qui va changer dans leur vie quotidienne.

Par exemple :

*"Quand vous allez vous lever le matin, au lieu de ceci ou cela, tout ce dont vous aviez marre etc."*

Et là vous pouvez si vous voulez en profiter pour faire le lien et faire référence aux problèmes qui ont été vus au début à la première question.

## QUESTION 11 :
## Comment est ce qu'ils vont être vus par les autres ?

Il n'est pas toujours possible de répondre à cette question mais c'est très important quand on peut le faire.

Il faut savoir que quand on achète un produit ça nous permet d'avoir quelque chose c'est-à-dire qu'on a quelque chose entre les mains, mais on devient aussi quelque chose.

Si par exemple on choisi un vêtement plutôt qu'un autre, ça veut dire qu'on s'identifie à un groupe plutôt qu'un autre.

Si on choisi tel type de déco pour mettre chez soi ça veut dire qu'on s'identifie à un groupe plutôt qu'un autre.

On va ainsi pouvoir dire aux gens par exemple :

*"Voilà, vous allez enfin pouvoir passer pro."*, dans le cas où ils veulent s'identifier à un pro.

Leur montrer ici ce qu'ils vont devenir, ou leur dire qu'ils vont être reconnus comme membre de tel groupe, sous-groupe ou culture.

## QUESTION 12 :
## Quels sont les problèmes du produit ?

Si le produit a des problèmes alors ça va renforcer la crédibilité de tout votre l'argumentaire.

Bien entendu, vous chercherez à mentionner ici des problèmes qui ne peuvent pas vraiment heurter la vente.

Si par exemple vous vendez un logiciel, vous n'allez pas leur dire qu'il va bugger toutes les heures. Si vous vendez une formation vidéo, vous n'allez pas leur dire que le son est inaudible. Si vous vendez un tableau, vous n'allez pas dire qu'il manque la moitié de l'image.

Quand on parle de problème, on fait par exemple référence au travail et aux efforts que ça peut demander à la personne pour y arriver, sans remettre en cause la qualité de ce que vous vendez.

Par exemple vous pouvez leur dire :

*"Voilà, ce n'est pas du tout une méthode miracle il y a un problème, c'est qu'il va falloir travailler"*, ou *"c'est que ça va vous prendre X heures par semaine"*, ou *"c'est que ça va vous coûter cher et que ce n'est pas gratuit"*, etc.

# QUESTION 13 :
## Comment ça marche concrètement ?

Vous allez ici détailler le mécanisme du produit ou service.

En d'autres termes, vous allez par exemple parler du principe de fonctionnement général du produit, de ses caractéristiques principales, des éléments ou accessoires qui le composent.

Les gens vont ainsi savoir à quoi s'attendre; ce qu'ils trouveront vraiment "dans la boîte".

Par exemple selon votre produit vous pouvez mentionner son format (audio, vidéo, logiciel etc.), sa durée, le nombre de parties qu'il possède, et expliquer comment le prendre en main.

Vous pouvez dire par exemple :

*"C'est une formation audio qui dure 1 heure 40 et composée de 4 modules au format mp3, vous pouvez mettre sur pause pour faire les actions."*

*"C'est un logiciel que vous recevez immédiatement après téléchargement. Il vous suffit ensuite simplement de double-cliquer dessus pour 'installer puis d'entrer la clé de licence qui vous sera fourni en annexe dans un fichier PDF, et vous êtes prêt à l'utiliser."*

Vous n'avez pas besoin de trop vous étaler dans les détails. Quelques phrases simples de description suffisent.

Si votre produit demande une installation complexe, n'allez surtout pas expliquer comment l'installer en y passant 10 minutes.

A la place, dites qu'il leur suffit de suivre la notice très bien expliquée fournie et qu'ils pourront l'installer totalement en moins de 5 minutes.

Veillez à toujours faire en sorte que votre produit soit le plus simple possible à installer ou à prendre en main. Sinon vous risquez de faire fuir les gens qui se diront que c'est trop compliqué pour eux.

## QUESTION 14 :
## Pourquoi il faut agir tout de suite ?

Vous allez redonner ici le plus gros bénéfice du produit, la raison principale pour laquelle il faut acheter le produit tout de suite.

Vous pouvez ensuite dire et demander l'action à faire pour acquérir le produit tout de suite.

Vous pouvez dire par exemple :

*"Avec cette méthode pas-à-pas, vous allez définitivement arrêter de fumer sans même vous rappeler qu'avant vous fumiez comme un pompier. Il vous suffit juste de cliquer sur le bouton ci-dessous pour la télécharger tout de suite, et nous on se retrouve immédiatement de l'autre côté pour commencer avec la première partie."*

*"Ce logiciel va vraiment vous permettre de réaliser des logos de manière professionnelle en deux clics de souris sans avoir à payer une agence de communication. Remplissez simplement le formulaire ci-dessous et vous recevrez votre clé de licence immédiatement dans votre boîte email."*

Ceci termine ce deuxième module sur le discours.

Vous connaissez maintenant des techniques pour amener de la présence à votre discours.

Vous savez désormais comment faire vibrer les gens, apporter de l'enthousiasme et de l'émotion à tout ce que vous direz devant la caméra pour rendre vos propos captivants.

Vous connaissez également des structures de plan pour vos vidéos de contenu.

Elles vont vous permettre de savoir à tout moment ce que vous avez à dire pour ne rien oublier et éviter de vous perdre.

Vous gagnerez ainsi en tranquilité d'esprit, et réussirez à scotcher les gens du début à la fin en gardant une progression et un suspens permanent.

Vous avez enfin vu ce qui est peut-être la structure la plus efficace en 14 étapes pour faire une vidéo de vente qui vend.

Si vous comptez vendre en vidéo, appliquer cette structure vous garantira d'obtenir très probablement des résultats de conversion nettement supérieurs à n'importe quel autre plan que vous puissiez utiliser.

Qu'il s'agisse d'une vidéo de contenu ou d'une vidéo de vente, ce que je vous recommande est de ne pas utiliser un script que vous auriez écrit auparavant mot-à-mot.

D'une part vous gagnerez en naturel et les gens le ressentiront. Ils n'auront pas l'impression d'avoir affaire à un robot qui récite un texte.

D'autre part, vous gagnerez un temps fou et vous éviterez de gros efforts de mémorisation.

En revanche, il peut être parfois difficile de démarrer votre vidéo de contenu ou vidéo de vente.

Ce que je vous conseille est donc d'écrire simplement la première phrase de chaque étape des structures que vous utilisez.

Pour une vidéo de contenu, vous pouvez écrire la première phrase de chacune des 5 étapes de la structure n°1 ou n°2.

Pour une vidéo de vente, vous pouvez écrire la première phrase de chacune des 14 étapes du plan que vous venez de voir.

Vous pouvez aussi éventuellement dresser une liste de points que vous voulez aborder pour chaque étape, mais vous ne devez surtout pas rédiger ces points, juste les lister sans faire de phrases.

Maintenant que votre discours est prêt et que vous savez ce que vous allez dire et connaissez l'attitude à avoir pour le dire, il est temps de passer au tournage de votre vidéo dans le module 3.

## MODULE #3: PASSEZ AU TOURNAGE DE VOTRE VIDÉO ET PERDEZ UN MINIMUM DE TEMPS.

A la fin de ce module, vous saurez comment réaliser le tournage de votre vidéo pour y passer un minimum de temps.

Vous allez voir comment faire pour n'avoir besoin de ne réaliser qu'une seule prise, contrairement à beaucoup de personnes qui en font parfois 5 ou 10.

Vous verrez également les astuces à faire pendant le tournage afin de diviser par 2 ou plus votre temps au montage vidéo, que vous verrez dans le module 4.

## Comment tourner votre vidéo en une seule prise et diviser par 2 le temps au montage.

Que vous souhaitiez faire une vidéo de contenu ou une vidéo de vente, la procédure que vous allez voir ici pour faire le tournage en une seule prise reste la même.

Vous allez maintenant reprendre les modèles de plan vus au module 2.

Ainsi, si vous voulez faire une vidéo de contenu, vous avez deux modèles de plans en 5 étapes.

Si vous voulez faire une vidéo de vente, vous avez le plan en 14 étapes.

La procédure étant la même, on va se placer dans le cas le plus complet en prenant l'exemple du tournage d'une vidéo de vente.

La longueur moyenne d'une vidéo de vente est en général comprise entre 5 et 45 minutes, selon les produits et services que vous vendez.

Plus court, vous risquez de ne pas avoir le temps de bien convaincre. Plus long, vous risquez d'endormir votre audience.

L'idée consiste à laisser tourner la caméra, et à répondre dans l'ordre à chacune des 14 questions du plan en une ou deux minutes, parfois moins (20 ou 30 secondes) selon la question.

Vous avez donc devant ou à côté de vous une feuille ou un cahier avec la première phrase de chaque étape rédigée, et pour chaque étape une liste des points clés à aborder (s'il y a besoin, certaines étapes étant triviales).

Si vous êtes déjà à l'aise et que vous avez bien votre plan en tête, vous pouvez évidemment vous passer de ce support écrit.

Vous allez maintenant répondre à chacune des 14 questions les unes à la suite des autres, tout en laissant tourner la caméra.

Parcourez vos notes en 4 ou 5 secondes pour vous remémorer la première étape, puis répondez à la première étape.

Une fois que vous avez répondu, marquez une pause en silence pour reconsulter vos notes en 4 ou 5 secondes pour voir ce que vous avez écrit pour la deuxième étape.

Quand vous êtes prêt, répondez à la deuxième étape.

Puis à nouveau, regardez vos notes pour voir ce que vous avez mis pour la troisième étape, en marquant toujours un silence.

Quand vous êtes prêt, répondez à la troisième étape.

Faites la même chose jusqu'à la 14ème étape, puis coupez la caméra.

Procéder de cette manière a deux énormes avantages.

Le premier est que vous n'avez réellement besoin que de faire une seule prise.

Votre structure est tellement segmentée que même si vous vous trompiez par exemple à l'étape 6, il vous suffirait juste de recommencer l'étape 6 et pas de recommencer l'ensemble de la vidéo.

C'est tout l'avantage d'utiliser un plan précis et détaillé. Vous gagnez énormément de temps.

Le deuxième avantage est que vous allez minimiser votre temps au montage.

En effet, la seule chose à faire quasiment au montage va être de couper les moments entre les questions.

Il sera pour vous très facile de repérer ces moments dans votre logiciel de montage, car ils correspondent aux temps de silence que vous avez laissés entre les questions.

Vous verrez donc sur le spectre audio un signal nul, et vous saurez qu'il s'agit de ces moments entre les différentes questions.

Autre chose dans le cas où vous comptez utiliser un micro externe.

Vous aurez alors une piste supplémentaire qui est votre piste son.

Voici une astuce à faire au tout début de votre tournage qui va vous permettre de synchroniser très facilement ces deux pistes lors du montage vidéo.

Il suffit au tout début de simplement taper dans les mains.

En effet, le fait de taper dans les mains va créer un pic d'intensité sonore de quelques millisecondes qui se verra très clairement sur le spectre de votre fichier son.

Il suffira alors simplement de faire glisser la piste pour que ce pic soit aligné exactement avec l'instant où vos mains tapent l'une dans l'autre (ou avec le pic de son qui sera créé avec le micro intégré à votre caméra), et vos deux pistes seront parfaitement synchronisées.

Ceci termine ce troisième module.

Vous savez maintenant comment vous y prendre pour réaliser le tournage de votre vidéo en un minimum de temps.

Vous n'avez besoin que d'une seule prise pour tourner votre vidéo.

Même si vous vous trompez à un moment, il vous suffit simplement de répondre à la question à laquelle vous vous êtes trompés, sans avoir à recommencer toute votre vidéo.

Vous avez également vu les techniques qui vont vous permettre de minimiser le temps passé au montage vidéo.

Le module 4 va justement parler du montage vidéo.

## MODULE #4: FAITES VOTRE MONTAGE VIDÉO COMPLET EN UN TEMPS RECORD.

A la fin de ce module, vous aurez totalement réalisé le montage de votre vidéo qui sera prête à diffuser en ligne.

Vous allez voir comment faire votre montage vidéo en un minimum de temps.

Vous verrez également les choses que vous pouvez rajouter pour rendre votre vidéo encore plus engageante, et les choses à éviter de rajouter à tout prix.

## Comment faire un montage ultra-rapide de votre vidéo.

Pour faire le montage, il va vous falloir d'abord un logiciel de montage.

L'un des meilleurs logiciels de montage est certainement Camtasia Studio.

Il est disponible aussi bien pour Mac que pour PC.

Il en existe évidemment une quantité énorme, et d'autres logiciels comme Final Cut Pro sont également excellents.

Vous pouvez également utiliser ces logiciels pour incruster une image ou une vidéo de fond, dans le cas où vous avez choisi d'utiliser un fond vert.

Il vous suffira pour ça simplement d'enlever de votre vidéo la couleur correspondant à votre fond vert et de mettre une image ou un fond animé à la place.

Si vous ne voulez pas investir ou n'avez pas les moyens, vous pouvez utiliser des éditeurs gratuits comme Windows Movie Maker.

Quoi qu'il en soit, vous pouvez regarder par vous-même le logiciel qui vous convient le mieux. Il en existe beaucoup et vous trouverez certainement celui qui correspond le mieux à vos besoins.

Une fois que vous êtes équipé de votre logiciel, admettons Camtasia Studio, il vous suffit de charger l'enregistrement de votre caméra et votre piste son si vous avez utilisé un micro externe.

Il vous reste alors à synchroniser ces deux pistes en faisant coïncider le pic de son du claquement de vos mains qui apparaît sur le spectre de son du logiciel, avec l'image où vos mains se touchent.

Pour rappel, nous avons parlé de cette technique au module précédent au moment du tournage.

Ensuite, il ne vous reste plus qu'à supprimer les zones de silence entre les différentes étapes du plan que vous avez utilisé.

Vous repérez ces moments de silence en regardant simplement le spectre sonore aux endroits où le signal de son est nul, comme on l'a aussi évoqué au module3.

Ne vous inquiétez pas si votre vidéo semble "coupée" entre chaque partie une fois que vous aurez assemblé vos séquences, par exemple si on vous voit vous décaler d'un ou deux cm.

C'est un type de coupure qui s'appelle en anglais le "jump cut", et c'est le meilleur type de coupure que vous puissiez faire comme le dit l'expert en vidéo James Wedmore.

En effet, il est totalement inutile d'insérer entre vos parties des transitions ou des effets de fondu d'écran qui ne feraient qu'alourdir la vidéo et vous rajouter du travail supplémentaire inutilement.

Contrôlez les niveaux sonores et augmentez-les éventuellement encore un peu si besoin.

Votre montage vidéo est presque terminé. A la rigueur, vous pouvez même vous arrêter là.

Cependant, nous allons voir dans la partie suivante certaines choses optionnelles que vous pouvez rajouter pour rendre votre vidéo encore plus engageante, et certaines choses à ne surtout pas rajouter.

## _Les choses supplémentaires pour enrichir votre vidéo et ce qu'il faut éviter._

Pour enrichir votre vidéo vous pouvez, si vous le désirez, rajouter un fond sonore comme une musique de fond.

Il existe pour ça plein de sites tels que pond5, audiojungle ou encore audioblocks.

Vous n'avez que l'embarras du choix et vous pouvez facilement trouver sur Internet des musiques libres de droit aussi bien gratuites que payantes.

Pour ce qui est du type de musique, faites-vous confiance.

Selon le produit ou le service dont vous faites la promotion, vous ne choisirez pas forcément le même type de musique.

Vous pouvez par exemple être amené à choisir soit une musique dynamique qui créé un peu un effet d'urgence comme par exemple les musiques de fond qu'on entend dans les news, ou alors une musique qui permet de mettre l'interlocuteur à l'aise, le détendre, et créer un climat de partage.

Dans tous les cas, assurez-vous que votre musique ou effet sonore renforce l'attention des gens et au contraire ne la dégrade pas. C'est très important.

Au niveau de l'intensité, vous chercherez à la diminuer par rapport au volume de votre voix (que vous pouvez aussi augmenter avec le logiciel de montage si vous trouvez que le niveau sonore de votre voix est trop faible), de manière à ce qu'elle ne recouvre pas votre voix mais que ce soit juste un fond sonore.

Par exemple, la musique de fond ne devra pas représenter plus de 20% par rapport au volume de votre voix. Faites des essais pour trouver le bon compromis.

Voyons maintenant ce qu'il faut éviter de mettre sur votre vidéo de vente.

Ce que je vous déconseille, c'est de mettre une animation d'introduction.

Vous avez peut-être déjà vu ce genre d'introductions dans certaines vidéos avec un logo ou une marque combiné à une petite musique en guise de slogan.

Le problème de ce genre d'intro est que ça va vous faire perdre du temps et ça risque ainsi fortement de vous faire perdre des gens.

En effet, vous savez peut-être que la plupart des gens qui quittent une vidéo le font dans les premières secondes.

C'est pour ça que les premières secondes de votre vidéo servent essentiellement à vendre la lecture de la vidéo et leur donner des raisons pour rester jusqu'à la fin.

Evitez donc de perdre ce temps précieux avec une introduction et une mise en scène un peu comme dans les films et qui dure de longues secondes, et commencez directement au contenu.

Ceci termine ce module 4.

Vous avez ainsi pu réaliser le montage complet de votre vidéo facilement, et en y passant un minimum de temps.

Il nous reste à voir la manière de diffuser votre vidéo et de la mettre en ligne, dans le module 5.

## MODULE #5: DIFFUSION DE VOTRE VIDÉO ET TECHNIQUES POUR DOUBLER VOS TAUX DE CONVERSIONS.

A la fin de ce module, vous aurez mis en ligne votre vidéo et pourrez la diffuser sur votre blog.

Vous allez pour ça voir dans un premier temps les meilleures plateformes pour héberger vos vidéos.

Puis, vous allez voir des techniques toutes simples qui vous prendront à peine 5 minutes à appliquer.

Mais si vous ne les appliquez pas, vous risquez de perdre jusqu'à deux fois plus de ventes, en particulier pour les vidéos de vente que vous mettez en ligne.

## _Les meilleures plateformes pour héberger votre vidéo._

La première plateforme incontournable est bien entendu Youtube.

Non seulement elle est gratuite, mais elle vous permet également d'obtenir du trafic organique si vous faites un travail pour optimiser les mots-clés du titre, de la description et des tags.

Vous pouvez donc sans problèmes utiliser Youtube.

Vous avez également d'autres services professionnels très bons que vous pouvez consulter pour plus de détails : Vimeo, Wistia, Sprout Video, Viddler, Brightcove, Vidyard, Viewbix ou encore Vzaar.

Ceci n'est pas une liste complète et il en existe beaucoup d'autres.

L'avantage des versions payantes, c'est qu'elles vous donneront des possibilités que les versions gratuites n'offrent pas.

Par exemple, vous pourrez masquer la barre de défilement qui informe sur la durée. On en reparlera plus en détails dans la partie suivante.

Vous pouvez également rajouter votre marque ou encore des boutons de partage social ou directement des boutons pour pousser à l'action et cliquables sur la vidéo que vous allez embarquer ensuite sur votre page de vente.

Faites votre choix avec ces nombreuses alternatives, il y en a vraiment pour tous les goûts.

## *Trucs à connaître pour multiplier par 2 vos conversions en 5 minutes chrono.*

Pour terminer, vous allez voir trois trucs tout simples à mettre en oeuvre, mais qui peuvent aller jusqu'à diviser par deux vos taux de conversion si vous ne les appliquez pas.

Il est donc capital d'en tenir compte, surtout si vous diffusez des vidéos de vente.

Le premier truc consiste à systématiquement mettre votre vidéo en mode "autoplay", de manière à ce qu'elle se joue automatiquement sans qu'il y ait besoin d'appuyer sur play. C'est très important de ne pas oublier ça.

Le deuxième truc consiste à masquer à tout prix les vidéos complémentaires qui s'affichent à la fin de votre vidéo, si par exemple vous utilisez Youtube.

En effet, si vous ne le faites pas, vous donnez des portes de sortie à vos visiteurs qui peuvent être amenés à faire une autre action (voir une autre vidéo similaire) que celle que vous voulez que vos visiteurs fassent.

Par exemple, cliquer sur votre bouton d'achat ou cliquer sur un bouton ou un lien pour voir une autre vidéo, etc.

Vous voulez donc à tout prix éviter de disperser votre audience et le clic sur le bouton ou lien que vous voulez doit être la seule action possible (ou presque) sur votre post de blog.

Enfin, le troisième truc consiste à masquer la barre de défilement du temps. Il faut à tout prix éviter à vos visiteurs de pouvoir avancer votre vidéo ou voir le temps qu'il reste.

Le fait de masquer cette barre va vous permettre d'avoir davantage de gens qui restent jusqu'à la fin, et un peu plus de gens qui achètent dans le cas d'une vidéo de vente.

En revanche, s'ils voient la barre et que votre vidéo dure 25 à 30 min, ils vont peut-être se dire qu'ils ne souhaitent pas attendre autant et ainsi quitter votre vidéo avant la fin.

Appliquer ces trois trucs vous permettra de maximiser vos conversions qui peuvent être divisées jusqu'à deux si vous ne les appliquez pas.

Ceci termine ce cinquième et dernier module.

Vous avez pu diffuser votre vidéo en la mettant en ligne sur la plateforme que vous avez choisie.

De plus, en particulier si vous avez créé une vidéo de vente, vous avez vu un ensemble de petits trucs tout simples qui ne prennent que 5 minutes à mettre en place, mais qui peuvent avoir une influence drastique sur vos taux de conversion.

Cette formation touche à sa fin, et il reste à la conclure.

# CONCLUSION.

Cette formation est maintenant terminée, et vous êtes désormais totalement autonome pour faire du vidéo blogging de qualité professionnelle facilement et sans vous ruiner.

Grâce au premier module, vous vous êtes équipé avec tout le matériel dont vous avez besoin.

Vous avez aussi vu comment monter facilement votre studio en moins de 10 minutes, et comment vous en passer facilement si vous ne souhaitez pas créer de studio ou avez un budget restreint.

D'ailleurs, les différentes options de matériel vous ont permis de vous équiper de manière à respecter vos souhaits et tous types de budgets.

Le deuxième module vous a permis d'acquérir les compétences liées au discours que vous allez tenir face à la caméra.

Ainsi, vous savez comment avoir une attitude qui va générer une forte présence et faire vibrer d'émotion votre audience.

Vous avez également des modèles de plan qu'il vous suffit de suivre pour créer très facilement des vidéos de contenu ou des vidéos de vente.

D'ailleurs, appliquer le modèle de plan en 14 étapes pour faire vos vidéos de vente vous apportera des taux de conversion que vous n'obtiendrez probablement pas si vous utilisez un autre plan.

Vous avez ici vraiment de l'or dans les mains pour vendre efficacement vos produits en ligne.

Puis les modules 3 et 4 vous ont expliqué en détail comment faire le tournage et le montage de vos vidéos de manière à ne perdre qu'un minimum de temps.

Utilisez ces conseils et vous irez facilement 3 à 4 fois plus vite dans le tournage (en une seule prise) et le montage de vos vidéos que la grande majorité des gens qui recommencent toute leur vidéo dès qu'ils ont fait un faux pas.

Enfin, vous avez vu comment diffuser vos vidéos et les meilleures plateformes pour les mettre en ligne.

Vous avez aussi découvert quelques trucs à appliquer, en particulier autour de vos vidéos de vente, et qui en seulement 5 minutes peuvent vous éviter de diviser par deux vos taux de conversion.

Si vous appliquez tous les conseils de cette formation, vous pourrez créer une véritable audience de fans qui grandira très vite.

En effet, vous êtes désormais en mesure de créer des vidéos de qualité professionnelle 3 à 4 fois plus vite que n'importe qui, avec les techniques de tournage et de montage que vous avez vues.

Vous pouvez donc créer des vidéos de contenu de grande qualité bien plus rapidement que la très grande majorité, et donc être visible beaucoup plus rapidement.

De plus, les gens aimeront et regarderont vos vidéos jusqu'au bout, ce qui facilitera grandement le partage sur les réseaux sociaux.

Certaines de vos vidéos pourront même devenir virales, et votre audience augmenter à une vitesse à laquelle vous n'étiez pas préparé.

Par ailleurs, vos vidéos de vente seront faites selon un plan qui rendra vos produits irrésistibles.

Présentées à votre audience grandissante de fans, vous pourriez bien faire décoller votre business autour du blogging vidéo bien plus rapidement que la très grosse majorité des gens.

Il me reste à vous souhaiter tous mes voeux de succès avec le blogging vidéo, et à vous retrouver, j'espère, dans une prochaine formation.

## A PROPOS DE L'AUTEUR.

Rémy Roulier est un ancien ingénieur informatique et responsable marketing dans une multinationale. Il est aujourd'hui digital nomad et voyage partout dans le monde, et a acquis depuis plus de dix ans une véritable expertise dans le marketing internet et le développement personnel.

Il partage aujourd'hui ses outils et son expérience pour permettre aux autres d'atteindre également leur indépendance financière et de façonner leur vie telle qu'ils la désirent vraiment.

## CRÉATIONS DU MÊME AUTEUR.

Retrouvez mes nombreuses créations directement sur Amazon.

En voici aussi quelques-unes qui peuvent vous servir :

*TITRES QUI VENDENT:*
*DANS 47 MINUTES VOUS ECRIREZ DES TITRES FACEBOOK, ADWORDS,*
*BLOG, PAGE DE VENTE, EMAIL COMME UN PRO DU COPYWRITING!*
Découvrez les secrets et les 101 meilleurs templates pour créer des titres chocs qui vont vous rapporter (très) gros, et acquérir les compétences des meilleurs copywriters en seulement 47 minutes!

*ECRIRE UN EBOOK IRRESISTIBLE EN UN WEEK-END:*
*LA NOUVELLE METHODE POUR ECRIRE UN LIVRE QUE LES LECTEURS*
*ADORENT, PRET A VENDRE LUNDI MATIN.*
Laissez-vous guider par une procédure simple et d'une efficacité redoutable pour créer en seulement un week-end un ebook que les gens vont s'arracher, même si vous n'êtes pas expert dans un domaine.

*DEVENIR RICHE EN 42 JOURS:*
*LA METHODE PAS-A-PAS POUR.GAGNER DE L'ARGENT SUR INTERNET ET*
*VIVRE SES REVES EN PARTANT DE RIEN.*
Une méthode prouvée qui vous guide pas-à-pas et vous permet
d'atteindre votre indépendance financière en 42 jours grâce à Internet,
même si vous démarrez actuellement de rien. Un must à ne pas
manquer.

*COMMENT SE CONCENTRER COMME EINSTEIN:*
*LE SECRET DES ETUDIANTS PARESSEUX POUR DECUPLER LA*
*CONCENTRATION ET*
*LA MEMOIRE AVEC LA TECHNIQUE DU DOCTEUR VITTOZ.*
Ce best seller dans le top 100 des meilleures ventes d'Amazon vous
montrera la technique jadis utilisée par Einstein qui vous donnera le
pouvoir de vous concentrer sur ce que vous voulez aussi longtemps
que vous voulez.

www.ingramcontent.com/pod-product-compliance
Lightning Source LLC
Chambersburg PA
CBHW060407190526
45169CB00002B/792